Les animaux chez eux

Debbie Martin
Maquette : Jane Rigby
Illustrations : Alan Baker

Directrice de la collection : Judy Tatchell
Directrice artistique : Ruth Russell

Pour l'édition française :
Traduction : Véronique Dreyfus
Rédaction : Renée Chaspoul et Jill Phythian

Le muscardin

Les muscardins adorent faire leur nid dans les ronces, au milieu des mûres, avec des débris d'écorce et des feuilles.

Regarde ce qui se cache sous le rabat.

Le nid n'a pas d'ouverture. Le muscardin se fraye un passage avec son nez.

Les animaux chez eux

Debbie Martin
Maquette : Jane Rigby
Illustrations : Alan Baker

Directrice de la collection : Judy Tatchell
Directrice artistique : Ruth Russell

Pour l'édition française :
Traduction : Véronique Dreyfus
Rédaction : Renée Chaspoul et Jill Phythian

Le muscardin

Les muscardins adorent faire leur nid dans les ronces, au milieu des mûres, avec des débris d'écorce et des feuilles.

Regarde ce qui se cache sous le rabat.

Le nid n'a pas d'ouverture. Le muscardin se fraye un passage avec son nez.

Les muscardins raffolent des noisettes et des baies.

Ce gros muscardin bien dodu vient de dévorer des noisettes. Soulève le rabat et tu verras ce qu'il en reste.

La tanière de l'ours polaire

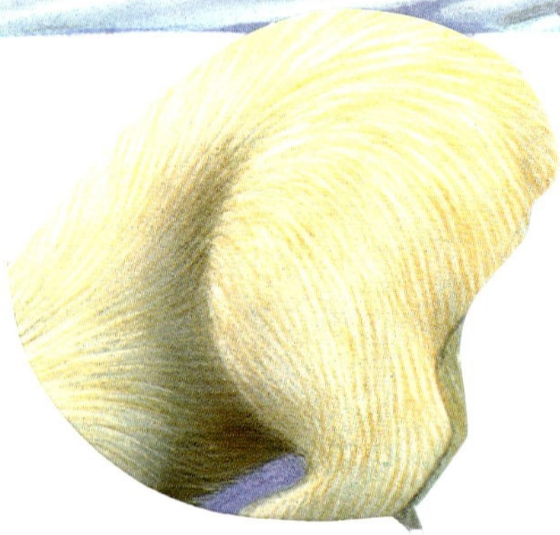

L'ours polaire creuse sa tanière dans la neige. Il y sera à l'abri du froid et du vent.

Mais quel est ce derrière ? Si tu soulèves le rabat tu découvriras à qui il est.

Les ours polaires n'ont jamais froid, même lorsqu'il neige. Leur fourrure très épaisse leur tient bien chaud.

Les ours polaires ont une épaisse fourrure sous les pattes. C'est comme s'ils portaient des chaussons très chauds !

Le nid de l'oiseau

La plupart des oiseaux fabriquent leur nid en haut des arbres. Ils sont ainsi à l'abri des chats.

Le papa oiseau apporte un ver de terre frétillant pour nourrir la maman.

La maman oiseau pond ses œufs dans le nid. Puis elle les couve : elle s'installe dessus pour leur tenir chaud.

Si tu veux savoir combien d'œufs elle a pondus, soulève le rabat.

La tanière de la loutre

Les loutres vivent au bord des rivières. Elles jouent souvent dans l'eau. Leur fourrure épaisse leur tient chaud et les garde au sec.

Les loutres creusent leur tanière dans les berges des rivières. Soulève le rabat, tu en verras une.

La tanière a deux ouvertures. Les vois-tu toutes les deux ?

Le terrier du lapin

Les lapins vivent dans des terriers qu'ils creusent sous la terre.

Ce lapin aimerait quitter son terrier. Il doit d'abord s'assurer qu'il n'y a pas de danger.

La lapine s'arrache du poil doux
sur le poitrail, puis elle tapisse le sol
du terrier avec pour que ses petits
lapereaux soient bien au chaud.

Combien de
lapereaux
vois-tu ?

La maison du chimpanzé

Les chimpanzés vivent dans les forêts humides d'Afrique. La nuit, ils dorment dans des nids de feuilles dans les arbres.

Ce chimpanzé va bientôt se réveiller. Soulève le rabat et tu comprendras pourquoi.

Les chimpanzés sont d'excellents grimpeurs. Ils s'agrippent aux branches avec leurs longs doigts de main... et de pied !

Ces chimpanzés sont à la recherche de fruits à dévorer. En vois-tu quelques-uns ?

Le terrier du hamster

Les hamsters vivent dans des terriers qu'ils creusent dans la terre.

Qui se cache derrière ces fleurs ?

Les hamsters stockent la nourriture dans leurs joues pour la rapporter à leur terrier.

Regarde derrière cette pierre pour voir ce qui se passe dans le terrier d'un hamster.

Les hamsters dorment le jour et sortent la nuit.

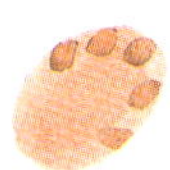

Imprimé à Singapour.